AF238484

Elke Heidenreich & Daniel Müller

Homestories

ELKE HEIDENREICH & DANIEL MÜLLER

Homestories

Tiere durchs Schlüsselloch beobachtet

KEIN&ABER

Neuausgabe im Geschenkformat
Alle Rechte vorbehalten
Copyright © 2012/2023 by Kein & Aber AG Zürich – Berlin
Fotos der Bilder: Lorenz Cugini
Druck und Bindung: printmedia solutions GmbH, Mannheim
ISBN 978-3-0369-5008-2

www.keinundaber.ch

Inhalt

Ein scharfer Feger

In seiner Jugend war Karl-Heinz P. das gewesen, was man einen scharfen Feger nennt. Er hatte den abgefahrensten Irokesenschnitt, trug die schrägsten Klamotten, rauchte die coolsten, teerhaltigsten, stärksten Zigaretten ohne Filter und fuhr die stärkste Maschine, grrrm, grrrm. Er las die schwierigsten Bücher, konnte Kant zitieren und lachte über Theodor W. Adorno. »Ach, der Wiesengrund«, sagte er immer; und er konnte manche Sätze rückwärts genauso schnell sprechen wie vorwärts, zum Beispiel:

»Ttats fohnhabtpuah mi nednif neiretsym eid!«

Das ist von Joseph Beuys und heißt: »Die Mysterien finden im Hauptbahnhof statt«, schon das versteht keiner, und nun auch noch rückwärts. Karl-Heinz P. war schon ein besonders scharfer Hund, das muss man sagen. Er liebte Bands wie Dead Can Dance oder Goethes Erben, die sonst kaum einer kannte, und er lernte schon sehr früh Blindenschrift. »Das kann man immer brauchen«, sagte er. Das sagte er auch, als er eines Tages einen Chinesischkurs belegte: »Das kann man immer brauchen!«

Ganz Butzendorf staunte und manch einer überlegte sich: Wann und wo kann man das brauchen? Aber Karl-Heinz P. lächelte nur, abonnierte die *Peking-Rundschau*, las sie täglich und murmelte höchstens ab und zu: »Da schau her!« oder »Ach, nun doch?« oder »Wer hätte damit gerechnet!« oder »Es wird schlecht enden!« Aber er erzählte nie, was er da las.

Schon früh hatte Karl-Heinz P. einen ebenfalls völlig ausgefallenen Berufswunsch: Er wollte unbedingt Versicherungsfachangestellter werden, am liebsten bei Innen/Leben oder auch bei Außen/Feuer/Sach, Hauptsache Versicherungsfachangestellter, er stellte sich das sehr inspirierend und interessant vor.

Und was soll ich sagen? Er ist es geworden. Leben/Sach/Außen sogar. Man hat diese Abteilung extra für ihn etwas umstrukturiert. Zwar kann er seine Chinesischkenntnisse da noch nicht wirklich brauchen, aber bei Leben/Sach/Außen ist alles möglich – zum Beispiel kann ein Chinese am Hauptbahnhof, wo die Mysterien

stattfinden, gegen eine Laterne laufen, sich verletzen und seinen Koffer verbeulen, und dann kommt die Versicherung mit Leben/Sach/Außen zum Tragen und der Rat des Versicherungsfachangestellten ist gefragt. Einmal klagte ein Blinder über Rüpeleien in der Straßenbahn. Das ließ sich – leider – ohne Blindenschrift regeln, aber Karl-Heinz P. konnte doch immerhin nach Abklärung des Vorfalls in erlernter Blindenschrift dem Klienten mitteilen: »Ich halte die Angelegenheit für erledigt. Hochachtungsvoll.«

Das sah dann so aus:

⠊⠉⠓ ⠓⠁⠇⠞⠑ ⠙⠊⠑ ⠁⠝⠛⠑⠇⠑⠛⠑⠝⠓⠑⠊⠞ ⠋⠖⠗ ⠑⠗⠇⠑⠙⠊⠛⠞⠲
⠓⠕⠉⠓⠁⠉⠓⠞⠥⠝⠛⠎⠧⠕⠇⠇⠲

Kurzum, Karl-Heinz P. hatte aus seinem Leben genau das gemacht, was er daraus hatte machen wollen, und wer kann das schon von sich sagen? Sein Irokesenschnitt war verschwunden, aber seine Liebe zu exzentrischer Kleidung, etwa knielangen groß karierten Hosen, behielt er trotz gelegentlicher Einwände seines Chefs bei, überzeugte er doch ansonsten durch tadellos gebügelte und gestärkte Hemden und sauber geputzte Schuhe, mit allerdings für einen Versicherungsfachangestellten kurios hohen Absätzen.

Warum, wo er doch von stattlicher Größe war? Alle Geheimnisse wird man nie klären können.

Sehnsucht I bis IX

Einmal um die ganze Welt. Das isses doch. Davon hab ich schon immer geträumt, und ich hab natürlich Jules Verne gelesen und all das, ich kenn die Welt, also, aus Büchern. Aber man will sie ja auch mal wirklich sehen. Wie weit sie echt ist, wie lange man braucht, um durch die Wüste zu kommen, obwohl, Wüste ist eher nicht mein Ding. Lieber Meer. Ich wollte immer Leichtmatrose werden, aber meine Mutter hat gesagt: »Sonst noch was.« Land interessiert mich ehrlich gesagt nicht wirklich. Also, wenn ich es genau überlege, möchte ich gar nicht Länder sehen, da ist es auch so heiß und staubig, ich möchte nur Wasser. Von mir aus könnte die ganze Welt nur aus Wasser bestehen. Diese Ozeane, Wahnsinn. Wir haben hier zu Hause nur einen Tümpel, aber ich konnte schon als kleines Kind schwimmen. Und ich hab immer Boote gebastelt, erst kleine, dann größere, und die hießen alle »Sehnsucht«. Sehnsucht I bis Sehnsucht IX. Da auf dem Tisch, das ist Sehnsucht

IV. Und die Karte hat mir ein Kumpel aus Portugal geschickt, kleines Land, aber viel Wasser drumrum, das wär mal ein Anfang. Ich kann auch schon einen Satz auf Portugiesisch:

»Você é muita areia para o meu caminhãozinho.« Das heißt: »Das ist zu viel Sand für meinen kleinen Lastwagen«, also, das ist für mich eine Nummer zu groß, die Frau ist zu schön oder diese Aufgabe zu schwer oder so – guter Satz, finde ich.

Na ja. Ich plane jetzt. Ich hab natürlich kein Geld, aber ich kann ja auf einem Schiff anheuern, wo ich dann arbeite. Ein bisschen. Als Matrose. Leichtmatrose. Haha, sagt mein blöder Bruder, geh doch auffen Schoner, da haste nicht so viel zu tun und wirst geschont. Wie doof ist der denn.

Ich würde lieber auf ein Passagierschiff und dann schönen Damen an Deck einen Kakao bringen oder Cocktails oder eine warme Decke. Dafür dürfte ich umsonst mitfahren, durch den Pazifik, der ist hier, sehen Sie? Und den Atlantik und das Mittelmeer und all diese Dinger. Neuseeland. Da will ich auch hin. Da war

Captain Cook und ist in so eine Meerenge gesegelt, von der er nicht wusste, ob er da je wieder rauskommt, darum hat er sie Doubtful Sound genannt, aber hintendran kam dann wieder Meer, das Tasmanische. Da kam er raus. Ich kenn sie alle. Aus Büchern. Ich hab viel gelesen, aber nur Bücher, wo Wasser drin vorkam. Die Kapitel mit Land hab ich immer überschlagen, ich hab zu Land nicht so ein gutes Verhältnis, aber Wasser, das ist mein Ding. *Moby Dick!* Mein Buch. *Der alte Mann und das Meer!* Sagenhaft. *Bericht eines Schiffbrüchigen, Robinson Crusoe,* ich kenn sie alle. Mein Lieblingsfilm ist der mit Tom Hanks, wie er als FedEx-Mann nach einem Absturz auf einer einsamen Insel landet und ganz allein ist und nur mit seinem Volleyball spricht. Super. So möchte ich auch leben.

Melville hat über Haie geschrieben. Wer will schon einem Hai begegnen, ich nicht, aber, schreibt er, man darf sie auch nicht hassen, hassen ist sowieso nur was für Narren, und ob Engel oder Haie, sie sind alle von derselben Hand gemacht. Wie Enten. Ich bin eine Ente, na und? Vielleicht ist die Zukunft des Menschen eine Ente, darüber hat schon Prof. Dr. Grobian Gans nachgedacht, es ist alles möglich. Ich heiße Emil. Emil Ente. Ich stamme ab von Emil Erpel, dem Gründer von Entenhausen, aber ich bilde mir da nichts drauf ein, das müssen Sie mir glauben, denn letztlich ist es gar nicht sicher, ob wirklich Emil Erpel Entenhausen gegründet hat oder nicht doch Schwindolar Schwan. Man weiß das bis heute nicht. Mein Onkel Donald hat darüber geforscht, aber der macht ja alles nur halb. Ich halte mich auch von der Familie eher fern, die sind mir peinlich. Ich will mein Ding allein durchziehen.

Ich spreche jeden Tag mit meinem Globus. Hey, Globus, sage ich, zeig mir das Kaspische Meer, und sehen Sie, da isses schon. Er kennt sie ja alle, und trotzdem denke ich immer, ich kann vielleicht auch noch was entdecken, so was ganz Kleines, so ein Meerchen, die Entenhausener Seezunge oder so ähnlich … die könnte man dann nach mir benennen, der Emil-Sund. Vielleicht. Aber vielleicht *você é muita areia para o meu caminhãozinho.* Ach ja.

Ingvar Kamprad auf Elmtaryd aus Agunnaryd

Männer können ja mit dem Kaufrausch der Frauen nicht umgehen. Meiner hat mich verlassen, seit ich die IKEA-Manie habe. Ich gehe jeden Tag zu IKEA, auch samstags. Ich frühstücke bei IKEA mit schwedischem Lachs (Lax Najad, 3.90 Euro), ich esse mittags zehn Köttbullar mit Kartoffelpüree, Rahmsoße und Preiselbeeren zu 4.90 Euro, und nachmittags treffe ich mich mit Gleichgesinnten zu Kaffee und Kuchen. Besonders gerne essen wir die Zimtschnecke Kanelbullar zu 50 Cent, und wir können kostenlos Kaffee nachholen. Ich kenne das gesamte Sortiment, von der Blumenvase Sorglös zu 9.99 Euro bis zum Kleiderschrank Pax Ballstad, dreitürig, 240 Euro. Auf dem Katalog von IKEA steht: »Für alle, die mehr Ideen als Platz haben.« Davon fühlte ich mich angesprochen. Ideen finde ich bei IKEA, und Platz habe ich geschaffen, indem ich die Wohnung erst einmal leer geräumt habe, um sie dann mit den IKEA-Ideen zu füllen. Als mein Mann sich

in der Wohnung nicht mehr bewegen konnte, zog er aus. Ja, ich gebe zu, dass es eine Sucht ist, und die hat mein Leben verändert, hat ihm einen Sinn gegeben. Wo vorher Leere war, ist jetzt IKEA. Mein Leben ist IKEA. Ich bin IKEA. Ich schlafe in einem Hemnes-Bett in Hensvik-Bettwäsche, ich sitze auf einem Norrnäs-Stuhl an einem Bjursta-Tisch und lese beim Licht einer Jansjö-Leuchte im IKEA-Katalog, während auf einem UDDEN-CG3-Herd in einer Identisk-Pfanne die Köttbullar heiß gemacht werden, die ich mir mitgebracht habe. Die IKEA-Kataloge der letzten zwanzig Jahre stehen in einem Billy-Regal.

Neulich habe ich bei IKEA einen Einkaufsgutschein von 200 Euro gewonnen, weil ich wusste, was die vier Buchstaben des Namens bedeuten. Ingvar Kamprad aus Elmtaryd auf Agunnaryd. Mit dem Gutschein habe ich mir sieben bunte Kissen gekauft. Ich sage immer: lieber IKEA als Drogen.

Übrigens: Neuerdings kosten die zehn Köttbullar mit Kartoffelpüree, Rahmsoße und Preiselbeeren nur noch 2.95 Euro. Von denen kann ich ja den Hals nicht voll kriegen. Und wenn ich was reichlich habe, dann Hals.

Häschenträume I

Ich liebe es, wenn das Blut fließt. Ich kann gar nicht genug davon kriegen. Es ist herrlich, wenn man schon weiß, dass die Frau jetzt alleine nach Hause kommt, und hinter der Tür steht schon der Typ mit der Axt, dieser Psychopath, der ja seit Wochen die ganze Siedlung in Atem hält. So eine ruhige, kleine Siedlung wie unsere hier, und er sucht immer Frauen, die allein leben, so wie ich. Er beobachtet die wochenlang, und dann zack, schlägt er zu. So wie jetzt hier. Und zuerst trifft er sie nicht richtig, und sie blutet nur, ein Ohr ist vielleicht ab, das holt sich dann der Hund. Obwohl, wenn ein Hund da wäre, hätte der ja gebellt, nein, den Hund muss er zuerst erschlagen, ach, auch toll, wenn er ihren toten Hund schon mal draußen an die Haustür nagelt, so, dass sie ihn dann sofort sieht, wenn sie heimkommt. Und dann weiß sie, drinnen gibt es noch mehr Ärger. Aber sie geht trotzdem rein, was soll sie denn machen, sie denkt vielleicht auch, die Nummer mit dem toten

Hund wär erst schon mal alles. Tja, falsch gedacht!!! Da steht er, mit der Axt direkt hinter der Tür, und er jagt sie dann durch die ganze Wohnung, immer mit der Axt, die Möbel fallen um, die Vorhänge werden heruntergerissen, sie ist in Panik, sie will schreien, kriegt aber keinen Ton raus, es würde sie ja auch keiner hören. Schließlich flieht sie in den Keller, schwerer Fehler! Sie schließt hinter sich ab, aber er hat ja die Axt, krach, ist die Tür kaputt, und er kommt ihr nach, und dann wird genau geschildert, wie er sie in einzelne Teile hackt. Das ist einfach zu schön.

Wie hieß der Roman noch mal, wo der tolle Banker auf dem Heimweg einem Bettler die Augen ausstach, bloß so? Und dann, ja, das war der mit der Kettensäge, dann hat er die Nutte in Einzelteile zerlegt, war das super! Ich lese das zu gern.

Es beruhigt mich. Ich kann danach gut schlafen und träume von Häschen.

Zieglinde

(frei nach Ralph Benatzky, 1930)

Zieglinde ist nur eine Verkäuferin
in einem Schuhgeschäft
mit achtzig Francs Salär in der Woche,
doch viel süßer als jede Königin vom Film.
Am Sonntag, wenn wir zum Tanzen gehn,
zieht sie ihr Kleidchen an
aus weißer Seide, das ich so liebe,
denn sie sieht drin
wie eine kleine Fürstin aus.
Die Jazzband spielt dann gleich
leise ihr Lieblingsstück.
Sie schmiegt sich an so weich
und legt die Hörnchen zurück.
Ach, Zieglinde ist nur eine Verkäuferin
in einem Schuhgeschäft,
doch sie bringt mir
für viele Millionen
Glück!

Gerade noch mal gut gegangen

»Meine liebe Gertrud …«

Nein, das war zu förmlich. Obwohl, auch in der Liebe sollte eine gewisse Form immer Gültigkeit haben.

»Gertrud, meine Liebe …«

Ach nein. Dass sie aber auch Gertrud hieß. Gertrud, wie seine selige Mutter. Irgendwie gefiel es ihm nicht, dass er um die Hand einer Frau anhalten wollte, die den Namen seiner Mutter trug. Er sah das Gesicht seiner Mutter immer vor sich, wenn er diesen Namen dachte – Gertrud. Sie war im Alter sehr korpulent gewesen. Sie hatte viele Wangen und Kinne, die alle in kleinen rosa Schichten übereinanderlagen. Ihre Äuglein lagen tief eingebettet im Fleisch, klein und rund saß sie in ihrem Sessel und kommandierte ihn herum: »Albert, kannst du wohl meine Jacke bringen?« – »Albert, wenn es dir nichts ausmacht, das Fenster wäre jetzt zu schließen.« – »Albert! Ich finde meine Brille nicht!«

»Vielleicht sitzt du wieder drauf, Mutter«, sagte Albert dann meistens, und oft war es so, die Brille war ihr vom Schoß gerutscht, in den Falten des Kleides verschwunden und beim Hin- und Herruckeln unter die weichen Massen geraten. Dann musste er seine Mutter vorsichtig hochhieven, wobei er den Duft von Mottenkugeln und Lavendel einatmete, und da fand sich meist die Brille. Sie lehnte es ab, diese an einer Kette um den Hals zu tragen, sie lehnte vieles ab, sie lehnte Buchstabensuppe ab und gelbe Blumen, sie lehnte es ab, sich Gedanken über die Zeit zu machen, sie aß, wenn sie hungrig war, schlief, wenn sie müde war, und wie spät es war, war ihr so egal, dass sie eines Tages die Zeiger von der Uhr abmontieren ließ – »Albert, könntest du wohl …« Albert konnte, von da an schwieg die Uhr, kein klack-klack-klack vorwärts rückender Zeiger mehr. Er selbst sah auf seine Taschenuhr, und seine Mutter lebte fröhlich und unbekümmert in den Tag hinein, bis sie eines Tages ohne jede Ankündigung lächelnd im Sessel saß, den Kopf zur Seite gekippt, und nicht mehr atmete. Kein »Albert, wärest du wohl so freundlich …«, nie mehr, und keine drohende Abneigung gegen jede Art von Damen, Liebeshändel, Ehegedanken.

Albert war darüber Abteilungsleiter und neunundvierzig geworden. Er trug seine Brille an einem Band befestigt und musste sie niemals suchen. Er blieb in Mutters Wohnung. Er hatte Mutters großes Ehebett wegbringen lassen und schlief nun nicht mehr in seinem Kinderzimmer, sondern im ehemaligen Elternschlafzimmer, wo sich sein Bett zwischen dem Kleiderschrank und der Frisierkommode klein ausnahm. Sonst aber änderte er nichts, warum auch, es war doch alles hübsch so. Und er dachte an das mögliche Zusammenleben mit einer Frau, an ihren Gang, das Rascheln von Kleidern, ihren Puderduft, ihre ordnende Hand, ein Lachen vielleicht am Morgen, ein Kuss am Abend …

Und Albert lernte zwei Damen kennen, über Anzeigen. Die erste hieß Melinda, trug schlecht geputzte Schuhe und kicherte zu viel, die zweite hieß ausgerechnet Gertrud, arbeitete in einem Laden für Sanitätsbedarf und schien still, freundlich und anspruchslos zu sein. Ihre Schuhe glänzten. Mutter hatte ihn gelehrt, dass das wichtig war, warum, wusste er nicht mehr so recht zu sagen, erinnerte sich aber sehr wohl noch daran und achtete auf dergleichen.

Ein paarmal hatten sie sich getroffen, Gertrud und Albert. Sie hatte von Stützstrümpfen, Inhalierapparaten und Einlagen für orthopädische Schuhe erzählt, er hatte versucht, das Bankwesen im Großen und Kleinen kurz zu umreißen, er war Abteilungsleiter der Neuburger Stadtsparkasse, kannte Begriffe wie Leitindex, Euro-Stoxx oder Interbankenzins und warnte in Gesprächen gern kryptisch vor Zinsderivaten. Und er wollte nicht mehr allein sein.

»Mein liebes Fräulein Gertrud ...«

Nein. *Fräulein* sagte man gar nicht mehr, obwohl es so ein schönes altes Wort war, kleine Frau, Frauchen, Fräulein. In Frankreich war es seit Kurzem rundum verboten, *Mademoiselle* zu sagen.

Fräulein ging gar nicht, sie war ja schon über vierzig. Ob sie gar noch jungfräulich ...? Hatte sie vielleicht noch nie ...? Verheiratet war sie jedenfalls noch nicht gewesen.

»Liebe Gertrud, Sie und ich …«

Man sollte sich endlich duzen. Albert war kein Freund allzu schneller Vertraulichkeiten, in der Sparkasse duzte er sich mit niemandem, aber mit Gertrud war er nun schon drei Mal im Café gewesen, (Erdbeertörtchen, Zitronenrolle, Kaffee mit Milch und Zucker), ein Mal im Kino (*Schicksalsjahre einer Kaiserin*) und zwei Mal in der Oper (*Tosca* und *Fidelio*), jeweils mit einem Glas Wein danach (Müller-Thurgau). Da hätte es nahegelegen, auch irgendwann das »Du« anzubieten, aber es hatte sich nicht ergeben, und muss so etwas nicht ohnehin von der Dame ausgehen?

»Meine liebe Gertrud, Sie – oder darf ich Du sagen? Du hast mich nun schon …«

Nein. Das war alles zu direkt. Zu vertraulich. Er würde ihr einfach die Blumen überreichen, Rosen und Maiglöckchen, und dann würde er sagen: »Liebe Gertrud, Sie sind allein, ich bin allein, wollen wir nicht …«

Wie schwierig das war! Er schwitzte schon. Der Anzug mit Weste war an diesem Junitag auch entschieden zu warm, aber nun war keine Zeit mehr, sich noch um-

zuziehen, Gertrud würde gleich da sein, Kaffee und Plunderteilchen standen schon auf dem Tisch.

»Gertrud, hören Sie zu, ich denke …«

Was dachte er? War es nicht ein ganz angenehmes Leben, das er führte? Die Putzfrau kam zweimal die Woche, kochte dann auch, sonst aß er in der Stadt. Er konnte am Abend fernsehen und lesen und Kreuzworträtsel lösen, ohne über Probleme wie – worüber reden Frauen? – zu enge Schuhe, Frühlingsgefühle, die böse Freundin – reden zu müssen. Er konnte in der Badewanne Pfeife rauchen, ohne dass jemand rief: »Albert, es riecht so seltsam, du rauchst doch nicht etwa?«

Er wurde schon etwas korpulenter, das hatte er von Mutter, und eine Ehefrau würde sicher sagen: »Albert, keine fetten Sachen mehr, jetzt nur noch Brühe und Gemüse.« Wollte er das? Er wollte Fußball im Fernsehen gucken, keine Sendungen über ägyptische Mythologie oder orthopädische Einlagen – gab es Sendungen über orthopädische Einlagen? Albert musste lachen. Haha, orthopädische Einlagen! Interessierte er sich irgendwie für orthopädische Einlagen? Nicht annähernd!

Gar nicht! Hätte er Lust, mit einer Frau verheiratet zu sein, die beim Abendbrot – kein Bier, kein Schinken, sondern Tofuwürstchen und Wasser – über orthopädische Einlagen mit ihm würde reden wollen?

Er hatte keine Lust.

»Meine liebe Gertrud«, sagte er, als es um Punkt halb vier klingelte, »weißt du was, da kannst du lange klingeln. Ich esse jetzt die Plunderteilchen allein auf und mach mir anschließend ein schönes Leben, auch ohne dich, und du such dir jemanden, dem du von orthopädischen Einlagen erzählen kannst.«

Und so geschah es.

Er aß sehr vergnügt zuerst den Kuchen, dann drei Leberwurstbrote, und die Rosen und Maiglöckchen brachte er später, als er sicher war, Gertrud vor der Haustür nicht mehr zu begegnen, auf Mutters Grab und sagte etwas frivol doppeldeutig: »Da, Mama, Gertrud, meine Liebe, die sind für dich.«

Und ihm war, als hörte er eine Stimme: »Das ist ja gerade noch mal gut gegangen!«

Keith Richards I

Das wollen wir doch mal sehen, ob ich den nicht kriege. Die Masche mit schwanger zieht immer. Ich kann dann ja immer noch sagen, war ein Irrtum. Aber ich bleib dran. Den krieg ich mürbe. Täglich Briefe. Ich werde auch ihm hinterherreisen. Ich bin ja nicht blöd. Ich will auch nicht ewig Backgroundvocals bei Dusty Springfield singen, ich hab mir die Hörner wahrhaftig genug abgestoßen in diesem elenden Leben.

Ich hätte gern ein nettes Wohnmobil, und dann könnten wir zusammen durch die Welt fahren, Olaf und ich. Musik auf Hochzeiten und Firmenfesten machen und so. Wir haben doch beide was drauf, ich kann auch Ukulele.

Ich muss ihn nur erst mal kriegen. Und ich krieg ihn, wenn ich ihm immer wieder sage, dass er wie Keith Richards aussieht. So was wollen die doch hören. Dabei sieht er genau aus, wie er heißt: Olaf Kowalski. Süß.

Ich bleib dran. Ich bin zäh, ey.

Keith Richards II

Nashville, Tennessee. Vor drei Monaten.

Ich mit den Rocking Mooses auf Tour, sie Backgroundvocals bei Dusty Springfield. Eine Nacht zusammen, ergab sich so. Ich war auch besoffen.

Dann diese Briefchen. Von überallher, Briefchen, Herzchen, Fotos, Edelweiß. Die wusste immer, wo ich war, hatte den Tourplan.

Jetzt ist die schwanger.

Jetzt geh ich in die Armee, echt. Oder zur Fremdenlegion. My blue suede shoes kriegt Gonzo, den Anzug vermach ich Keith Richards und tauch ab. Sie will das Kind Keith nennen, weil ich aussähe wie Keith Richards.

Und Dusty, wenn's ein Mädchen wird.

Ich bin fertig, Mann.

Wie kann denn so was passieren? Mir?

Verdammte Hacke, ey.

Mirabellen und Zwetschgen

Schon Mitte der Siebzigerjahre habe ich in einer Aufsehen erregenden sportpsychologischen Untersuchung die Behauptung des Schriftstellers Peter Handke, es gebe eine Angst des Tormanns beim Elfmeter, grundlegend widerlegt. Nicht der im Ziel hat Angst, sondern der Schütze, der Schießende. Der Tormann befindet sich gegenüber dem Elfmeterschützen in einer privilegierten Situation. Niemand unterstellt ihm Unvermögen, wenn er den Schuss nicht hält. Er handelt nach Herbert Achternbuschs Devise: »Du hast keine Chance, aber nutze sie.« Vor jungen internationalen Torhütern hielt ich in Ottawa einen Vortrag darüber, dass es doch eine Einzigartigkeit darstellt, wenn jemand einen Schuss entschärfen, gar abfangen oder umleiten kann. Diese Tatsache erhebt den Torwart zum Meister, zum Zauberer. Für die moralische Ermutigung, die ich den jungen Torhütern vermittelte, habe ich damals den Preis der JOGI (Japanese Organisation of Goalkeepers

International) bekommen. Seither ließ mich das Thema Ball nicht mehr los, und ich erarbeitete in den Achtzigerjahren in meiner Dissertation an der Sporthochschule Köln den Beweis, dass die Behauptung des deutschen WM-54-Meistertrainers Sepp Herberger – »Der Ball ist rund« – schlichtweg falsch war. Keiner der 25 000 Bälle aller Ballspielarten, die wir damals ballistisch untersuchten, erwies sich als komplett rund. Fatalerweise ist es den Ballherstellern im letzten Jahrzehnt allerdings gelungen, Bälle herzustellen, denen mit uns bekannten Mitteln kein Unrund nachzuweisen ist. Die Bälle erweisen sich als perfekt, und das führt in den entsprechenden Sportarten zur Langeweile, sodass wir an einem Fußballspiel nur noch dann Gefallen finden, wenn die schlechten Platzverhältnisse für unvorhersehbare Bewegungen des Balles sorgen. In meiner Habilitation werde ich an diesem Thema arbeiten: »Die Rückzüchtung der Mirabelle zur Zwetschge oder die Wiederverformung des Runds zur Erlangung neuer, attraktiver Dimensionen der Variabilität der Ballspiele.«

Werfen Sie möglichst perfekt eine Mirabelle auf ein

Ziel und danach eine Zwetschge, und Sie werden sehen, wovon ich rede. Die Zwetschge verschafft sich durch ihre Form eine von Ihnen nicht beeinflussbare Flugbahn, die Mirabelle kommt ziemlich genau da an, wo Sie sie hinhaben wollten. Erst wenn der Fußball wieder die Form einer Zwetschge und der Tischtennisball die eines Eies hat, werden die Ballsportarten wieder die Attraktivität haben, die ihnen die Medien – heute noch unberechtigterweise – zuschreiben.

Gesänge im Flamingokleid

Alle meine Vorfahren waren Nilpferde. Wir kommen vom Nil. Da gab es sehr leckere Sachen zu essen, zum Beispiel schöne Zwiebeln. Und einer meiner Vorfahren brachte einige von diesen Zwiebeln 1593 nach Leiden in Holland, wo er an der Universität studierte, als Geschenk für den Zoodirektor. Aber der aß die Zwiebeln nicht, sondern pflanzte sie in den Boden, und es wuchsen seltsame Blumen, sehen Sie, wie hier auf meiner Tapete – es wuchsen Tulpen, und blitzschnell, man weiß nicht, wie und wodurch, wurde die Tulpe zu einem Statussymbol, zum Lieblingsobjekt von Spekulanten. In der Zeit von 1633 bis 1637 wurde sie mit der zehn- bis hundertfachen Menge Goldes gehandelt, aus der »Tulipan« wurde eine Tulipanomanie, der sogenannte Tulpenwahnsinn. Die Aussicht auf fette Gewinne lockte ganz Holland, vom Dienstboten bis zum hochangesehenen Maler Rembrandt. Wo das Geld für eine ganze Zwiebel nicht reichte, erwarb man einen geringen Anteil daran, und manch einer versetzte so sein gesamtes Hab und Gut. Die Tulpenzwiebeln, die teilweise nicht einmal real zu sehen waren, sondern noch (angeblich) im Boden schlummerten, erreichten hohe Preise. Wer tatsächlich einige Exemplare im Gartenbeet hatte, dem bereiteten Diebe schlaflose Nächte. Manch ein Gärtner soll sogar neben seinem Tulpenbeet geschlafen haben. Eine Zwiebel der berühmten Sorte *Semper Augustus* kostete 1633 über 5000 Gulden, drei Blumenzwiebeln erreichten 1637 gar 30000 Gulden. Zum Vergleich – ein Amsterdamer Grachtenhaus kostete damals 10000 Gulden. Als das Angebot dann aber plötzlich größer war als die Nachfrage, brach der Markt zusammen. 1637 fand in Alkmaar die schicksalhafte Auktion statt, bei der die Tulpenzwiebeln zum letzten Mal Höchstpreise erzielten. Darauf folgte der erste Börsencrash der Geschichte, und bis heute nennt man in Wirtschaftskreisen den traumhaften Wertanstieg von Aktien und ihren abrupten Fall »Tulpenfieber«. Für viele Menschen bedeutete das den finanziellen Ruin praktisch über Nacht, und die Wirtschaft kam in ganz Holland auf Jahre zum Erliegen.

Mein Vorfahre kam weder zu Reichtum noch zu Anerkennung. Er erfuhr erst später davon, was die paar Zwiebeln ausgelöst hatten, die er nach Holland gebracht hatte, absolvierte sein Studium und ging an den Nil zurück. Erst vor ein paar Jahrzehnten kamen meine Urgroßeltern in einen Zoo in Holland, wo ich geboren und aufgewachsen bin. Ich habe es mir zur Aufgabe gemacht, die Welt darüber aufzuklären, dass wir, meine Ahnen, es waren, die die Tulpe nach Holland brachten und damit diesem Land einen heute noch florierenden Wirtschaftszweig ermöglichten. Die haben doch sonst nichts. Pannekoeken, Tomaten, Tulpen. Wenn ich Heimweh nach dem fernen Nil habe, dann ziehe ich mein Flamingokleid an und singe mein Tulpenlied:

Wenn der Frühling kommt, dann schick ich dir
Tulpen vom Nil.
Wenn der Frühling kommt, dann pflück ich dir
Tulpen vom Nil.
Wenn ich wiederkomm, dann bring ich dir

Tulpen vom Nil,
tausend rote, tausend gelbe, alle wünschen dir dasselbe.
Was mein Mund nicht sagen will,
sagen dir meine
Tulpen vom Nil!

Und dann esse ich ein paar Kilo Zwiebeln, und schon geht es meist wieder.

Das Meisterwerk

Wir hatten uns monatelang um ein Interview mit Leo Tastkowski bemüht, es war nicht an ihn ranzukommen. Der Meister komponiere, hieß es, und er sagte auch alle Konzerte für die letzten Monate ab – so die *Weltallsinfonie*, die er in Luzern hätte spielen sollen, spielen und dabei das Orchester dirigieren, wie es außer Daniel Barenboim kaum noch jemand macht. Nur eben Leo Tastkowski, dieses Untier, dieses Genie aus der sibirischen Steppe, eines Tages aufgetaucht im Westen, und so fulminant wie er hatte noch keiner in die Tasten gehauen. Ein Blüthner, ein Bechstein, zwei Steinways – alles D-Flügel: Schrott nach seinen Auftritten. »Der Pianist«, schrie er beim legendären Düsseldorf-Konzert, »darf keine Angst vorm Instrument haben! Das Instrument muss Angst vorm Pianisten haben!« So sein Schlachtruf, und wenn er die Bühne verließ, lag ein Haufen Trümmer dort – Tasten, Saiten, schwarz lackiertes Holz, zu nichts mehr zu gebrauchen.

Nam June Paik hat in den Sechzigerjahren der Fluxus-Bewegung Klaviere zerlegt und aus dem Fenster von Mary Bauermeisters Atelier in der Lintgasse in Köln geworfen, vom noch jungen Karlheinz Stockhausen angefeuert. Leo Tastkowski zerlegt ein Instrument, indem er es spielt. »Ha, *Mondscheinsonate*!«, schreit er und legt donnernd los, kein *piano pianissimo* kennend, und der Mond scheint zu explodieren. »Das ist der Mond in Sibirien, Beethoven!«

Nun aber – nichts mehr, Rückzug seit Monaten, in eine kleine Wohnung am Vierwaldstätter See. Niemand durfte ihn besuchen, nur der Pizzabote brachte täglich Pakete, und die Weinanlieferungen hatten enormes Ausmaß. Der Maestro komponierte. Sein Lebenswerk, hieß es, niemand dürfe stören.

Aber auch die größte Rückzugsphase ist irgendwann beendet. Der Maestro ließ mitteilen, er sei bereit, uns nun zu empfangen. Der Fotograf und ich suchten ihn in seiner kleinen, gemieteten Wohnung auf. Die Vermieterin, eine freundliche ältere Dame mit schlohweißem Haar, meinte vertraulich: »Ich bin erst achtunddreißig, aber in diesen drei Monaten um Jahre gealtert, sehen Sie mein Haar! Doch es hat sich gelohnt.«

Wir waren erschüttert.

Tastkowski empfing uns im Unterhemd und war bester Laune. Tisch und Boden waren voller Notenpapiere, auch Spielkarten lagen herum und das Bild des heiligen Savinius, der so jung und fromm starb, schon mit fünfzehn Jahren. Wir sahen kein Klavier, nur eine Tastatur aus Papier, auf der der Maestro uns die Anfänge seiner Komposition vorspielte. Natürlich hörten wir – nichts. Wir baten ihn, ein wenig zu erzählen, worum es ginge.

»Ein Lied«, raunte er, »ein Lied, wie es die Welt noch nicht gehört hat.« Er wies auf die Noten. »Schubert. Beethoven. Alles Stümper. Überholt. Schwachbrüstig. Zu viel Lamento. Gejammer. Nie Glück mit Weibern, und so klingt das auch.«

Das Lied der Lieder habe er, Tastkowski, geschrieben, und wir waren ehrfürchtig und beeindruckt. Um eine Kostprobe baten wir, um eine Erklärung, worum es in dem Lied denn ginge.

»Ein Mann«, sagte er mit Donnerstimme, »ein junger Mann geht von zu Hause fort, in die Fremde, er setzt seinen Hut auf und geht, dreht sich nicht mehr um, lässt alles hinter sich.«

»Genauso wie Sie, Maestro«, wagten wir einzuwerfen, »damals, in der sibirischen Steppe, sind auch Sie einfach gegangen.«

»Wie ich«, nickte er. »Aber dieser junge Mann ist aus noch härterem Holz geschnitzt. Er lässt seine alte Mutter zurück. Sie weint. Er nimmt darauf keine Rücksicht, er geht. Aber während er geht …«

Erstaunt sahen wir, wie sich Tastkowski plötzlich – war das etwa eine Träne? – ja, eine Träne aus dem Auge wischte. »Während er geht«, fuhr er stockend fort, »merkt er, dass er das seiner alten Mutter nicht antun kann. Er kehrt …«

Tastkowski schluckte ergriffen und trank ein Glas Wein in einem Zug leer.

»Er kehrt um. Er geht zurück zu seiner alten Mutter.«

Nun legte der große Mann der Tasten den Kopf auf die gemalte Klaviatur und weinte.

»Ich bin nicht zurückgekehrt«, schluchzte er, »und darum musste ich dieses Lied schreiben, es ist ein Lied der Reue, ein Lied über mein Leben, meine Schuld, ach Mama, verzeih deinem kleinen Jungen!«

Lange weinte der Meister, und wir weinten mit, in der Küche schluchzte die Vermieterin. Dann schnäuzte Tastkowski sich in ein kariertes Tischtuch und fasste sich.

»Ich werde es Ihnen vorsingen«, sagte er.

Wir saßen still, ergriffen, wir lauschten, die Wirtin trat schluchzend zur Tür herein und lauschte mit, und der Gigant der Klaviermusik sang sein Lied. Es lautete so:

Hänschen klein ging allein
in die weite Welt hinein.
Stock und Hut, steht ihm gut,
ist gar wohlgemut.
Doch die Mutter weinet sehr,
hat ja nun kein Hänschen mehr.
Da besinnt sich das Kind,
läuft nach Haus geschwind.

Land des Lächelns

Ich suche eine Frau. Sie sollte nett und kuschelig sein und Sinn fürs Schöne haben.

Ich heiße Chi Chi Shen und wohne zurzeit in St. Gallen. Ich habe einen Antrag gestellt, Schweizer zu werden, aber das ist ja sehr schwer. Ich muss jodeln lernen, das liegt mir nicht so, dabei komme ich aus einer sehr musikalischen Familie. Deutscher werden wäre leichter, denn ich habe zwei Onkels in Deutschland. Das heißt, ich hatte zwei, aber der eine ist schon tot, er war von Beruf Eisbär in Berlin und hieß Knut, mein Onkel Knut. Der andere ist Wirtschaftsminister, glaube ich, aber wir haben keinen Kontakt.

Meine Mutter unterrichtet Yoga in Schanghai, und meine Großmutter war Japanerin, sie hieß Cio Cio San und wurde als Madame Butterfly sehr bekannt. Sie ist schon lange tot, sehr tragisch, man hat sogar eine Oper darüber geschrieben. Meine andere Großmutter war aber Chinesin, sie hieß Turandot und soll als junges

Mädchen sehr grausam gewesen sein. Aber dann hat sie meinen Opa geheiratet, Opa Kalaf, der hat ihr die Flötentöne beigebracht, wie man so sagt, sie ist dann eine ganz brave Hausfrau geworden und hat nie mehr Köpfe abschlagen lassen. Ihr Lieblingslied war *Nessun dorma*, keiner soll schlafen, das ist später sehr berühmt geworden, weil mein Cousin Paul Potts das im Fernsehen gesungen hat – er hat damit einen Wettbewerb gewonnen, dabei kommt er aus einfachen Verhältnissen. Sein Vater war Busfahrer und seine Mutter Kassiererin. Mit dem Gewinn hat er ihnen ein schönes Haus gekauft und sich die Zähne machen lassen, ja. Sein Bruder, mein anderer Cousin, heißt Lang Lang, er soll sehr hübsch Klavier spielen, aber ich hab ihn noch nie gehört.

Meine Tante Lisa war kurz mit einem Prinzen verheiratet, der hieß Sou-Chong, und die haben immer zusammen gesungen, *»Dein ist mein ganzes Herz, wo du nicht bist, kann ich nicht sein«* und solche Sachen, dabei hat er heimlich neben ihr noch vier Mandschu-Mädchen geheiratet, das war bei ihm zu Hause so Sitte, aber Tante Lisa hat das nicht ertragen und ist mit dem Baron

Gustav von Pottenstein aus dem Land des Lächelns geflohen, das wurde dann mein Onkel Gustav. Er hat Zigarren geraucht, teure Zigarren. Paul Potts hat sich nach ihm benannt, der hieß früher Schirrmacher.

Dann habe ich noch einen entfernten Schwager; der heißt Samuel Youn und singt den Fliegenden Holländer in Bayreuth, ich kriege da aber nie Karten. Meine Tante Lucy Liu ist die Schönste von uns allen und die Klügste, sie spricht Chinesisch, Mandarin und Japanisch und ist Schauspielerin in Hollywood, sie hatte eine Sprechrolle in *Kung Fu Panda*, da hatte ich auch eine ganz kleine Rolle.

Ja, so hängt das alles zusammen in meiner Familie, aber das führt jetzt wahrscheinlich zu weit. Ich suche eine Frau, weil ich sehr allein bin und nur mit einem Goldfisch lebe, der heißt Little Nemo. Er spricht nicht, aber ich verstehe ihn doch. Wir Fernöstlichen können uns in vieles hineinversetzen und gelten als sehr weise, bis auf meinen Onkel, den Wirtschaftsminister. Der nicht so.

Meine Frau sollte Sinn fürs Schöne haben, ich glaube, das sagte ich schon. Schön ist zum Beispiel Tee zusammen trinken. Und *Land des Lächelns* hören oder *Madame Butterfly.* Alles meine Familiengeschichten. Und dann könnten wir zusammen jodeln lernen und Schweizer werden.

Die Unschuld vom Lande

»Ich bin die Unschuld vom Lande« – also jetzt nicht wirklich, was Sie aber auch denken, ich bin doch nicht, also nicht was Sie jetzt, ich werde ja richtig rot, die hellen Streifen können durchaus rot, na, rosa werden – ich bin natürlich *nicht* die Unschuld vom Lande, aber das war das erste Stück, mit dem ich mich damals beworben habe, beim Vorsingen, es heißt ja auch *Spiel ich die Unschuld vom Lande*, ich bin es nicht, ich spiel es nur. In Köln. An der Oper. Da waren drei Herren, die saßen in einem scheußlichen Raum an einem Tisch, und der mittlere machte mir schöne Augen und sprach mit so einem rollenden Rrrrr: »Na«, sagte er, »was haben wirrrr denn mitgebrrrracht?« Und ich war sofort hin und dachte, das muss gut gehen, hier will ich bleiben. Ich hatte ein schönes Kleid mit, mein einziges damals, in einer Plastiktüte, auf dem Damenklo musste ich mich umziehen, es gab ja für uns keine Garderoben, wir waren vier. Und drei sangen *Die Unschuld vom Lande*, hätte ich das

vorher gewusst! Also, ich habe mich umgezogen und gekämmt und geschminkt und dann *Spiel ich die Unschuld vom Lande*. Sie kennen das, oder? Ach, ich mach mal.

Spiel ich die Unschuld vom Lande,
natürlich im kurzen Gewande,
so hüpf ich ganz neckisch umher,
als ob ich ein Eichkatzerl wär …

Lalala, und so weiter, Sie kennen das doch! Adele, aus der Fledermaus. Das war immer meine Rolle.

Und ich hab das Vorsingen damals gewonnen, ich bin in Köln geblieben und habe sie alle gesungen. Alle. Na ja, nicht *alle*. Nicht die Traviata, aber ihre Zofe. Nicht die Königin der Nacht, aber eine von den drei Damen. Ich war auch eine Rheintochter, Wellgunde. Immer solche Rollen. Aber der junge Mann mit dem rollenden Rrrr, der war Rumäne, und der hatte eine Couch in seinem Büro … also ich sage Ihnen! Nein, ich sage es lieber nicht. Das war schon was.

Ich bin jetzt nicht mehr fest angestellt an einem Haus, aber ich habe viele Aufträge. Ich singe auf Kreuzfahrtschiffen, wissen Sie, und da singe ich sie nun wirklich alle, da singe ich die Traviata und die Elsa, da singe ich alle großen Rollen, irgendwann auch die Marschallin aus dem *Rosenkavalier*, ich bin jetzt … eine Dame spricht nicht über ihr Alter, aber wenn die Gruberová noch mit fünfundsechzig singt, dann kann ich doch wohl … Die Leute auf den Kreuzfahrtschiffen sind so dankbar! Die sind froh, wenn was los ist. Dreimal am Tag essen, immer wieder muss man sich umziehen, dann das Abendkleid, und im Theater wird Kunst geboten. Das bin ich, die Kunst. Mein Begleiter am Klavier ist zugleich Gentleman Host auf dem Schiff, wissen Sie, er tanzt mit alleinstehenden Damen und leistet ihnen Gesellschaft an der Bar, aber er darf nicht mit in die Kabine. Höchstens bei mir. Da schon. Ach, jetzt werden die weißen Streifen wieder rosa, wie verräterisch …

Aber *Die Unschuld vom Lande*, nein, die singe ich nicht mehr.

Die dann doch nicht mehr.

Neues aus Tukanien

Es gibt den Grüntukan, den Blautukan, natürlich auch den Blauzügeltukan, den Schwarztukan und den Goldtukan, nicht zu verwechseln bitte mit dem Gouldtukan (oho!), aber auch den Gelbbrauentukan, den Grauschnabeltukan, den Weißbrusttukan, den Rotkropftukan, den Rotnackentukan, den Braunohrtukan, den Gelbohrtukan, den Schwarzkehltukan, den Schwarzkopftukan, den Schwarzschnabeltukan und den Goldkehltukan.

Außerdem gibt es den Halsbandtukan, den Feuerschnabeltukan, den Doppelbindentukan, den Krauskopftukan, den Leistenschnabeltukan, den Nattererrtukan, den Pfefferfressertukan, den Fleckentukan, den Reinwardttukan, den Fischertukan, den Küstentukan, den Bunttukan, den Swainsontukan, den Riesentukan, den Cuviertukan, den Dottertukan, den Zitronentukan, den Kulmtukan, den Derbytukan, den Blutbürzeltukan, den Lauchtukan und noch viele mehr.

Und jetzt überlegen Sie sich einmal, wie viele Arten Menschen es gibt.

Und noch etwas: Wir leben monogam. Jetzt sind Sie dran!

Frische Fische

Ich bin ja AS-Rom-Fan, Sie wissen schon, *la magica*, die *Giallorossi*, das ist mein Verein seit 2005, elf Siege in Folge unter Luciano Spalletti, war das eine Saison! Seither lese ich jeden Tag die *Gazzetta dello Sport*, das heißt, jeden Tag, wenn es Fisch gibt, denn meine Frau kauft den Fisch auf dem Markt, und seit Urzeiten schlagen die Händler den frischen Fisch in die *Gazzetta* ein, die ja täglich erscheint und die einzige Zeitung ist, die ich gern lese. Natürlich riecht sie dann immer ein bisschen streng, aber das gehört dazu, ich kenne es nicht anders. Die Händler auf den Märkten haben es gut, die können immer erst mal die frische *Gazzetta* lesen, ehe sie ihren Fisch darin einwickeln, und sie lesen sie um fünf Uhr früh bei Weißwein in der Fischbar, wenn sie ihre Einkäufe getätigt haben und auf den Beginn des Marktes warten. Meine Tante Giulia sagt immer, wenn der Fisch nicht in die *Gazzetta* eingewickelt ist, sondern in den *Corriere* oder in irgendein anderes Blatt, dann ist der

Fisch nicht frisch. Sie könne sich nicht erinnern, dass man jemals einen frischen Fisch nicht in die *Gazzetta* eingewickelt hätte. Mein Nachbar, ein Fan von Inter Mailand – und das hier in Rom! –, holt jeden Tag frischen Fisch vom Markt und liest die vom eingewickelten Fisch zerknüllte *Gazzetta*, nachdem seine Frau sie ihm mit dem Bügeleisen geglättet hat. Typisch Inter-Fan – solche Idioten! Neulich sagte Giorgio, ein guter Freund, der auch die *Gazzetta* liest und allerdings ein Lazio-Fan ist, weißt du, sagte er, weißt du, was das Großartigste an der Erfindung des Farbfernsehens ist? Nein, sagte ich, was denn? Es ist halt alles bunt und man kann die Spieler besser unterscheiden.

Ist dir schon mal aufgefallen, sagte er, dass damals, als man noch Schwarz-Weiß-Filme drehte, die Fischer den frischen Fisch vom Tage auch schon in die *Gazzetta* eingewickelt haben? Ja und?, sagte ich, das ist doch normal. Hat man damals vielleicht gesehen, dass die *Gazzetta* rosa ist, rosa Papier?, rief er. Wir haben das gewusst, wir, Emilio, aber das Verdienst des Farbfilms ist, dass jetzt die ganze Welt sehen kann, dass unsere *Gazzetta*, in die unsere Fischer den frischen Fisch vom Tage einwickeln, rosa ist. Rosa Papier! Jeden Tag! Das gibt es nirgends sonst auf der Welt, so was Schönes.

Hier bist du an geweihtem Ort

Nur noch die Fliege binden, dann komme ich.

Ist es voll?

Nicht. Aha. Na ja, ein Möbelcenter …

Da ist ja auch Durchgangsverkehr. Die Leute werden schon stehen bleiben, wenn ich erst auftrete. Sie werden sehen. Ich weiß, wie man die Menschen packt. Sie haben mich zur Eröffnung dieses Möbelcenters engagiert, und ich werde Ihnen eine Eröffnung hinlegen, von der Sie nicht mal geträumt haben.

Sie werden sehen.

Ist Mutti da?

Es ist wichtig, dass Mutti da ist, ganz vorne, haben Sie ihr einen Stuhl hingestellt? Einen Sessel. Gut. Sitzt sie da? Das ist gut. Mutti ist wichtig, wissen Sie. An Mutti sehe ich, ob ich gut bin oder nicht. Obwohl, ich bin eigentlich immer gut. Mutti weiß das. Sie fährt mich überall hin, schon seit zwanzig Jahren. Ich hab ja gar keinen Führerschein. Ich sitz hinten und lern meine

Rollen und mache Stimmübungen, *Mimimimimi!*, und Mutti fährt. Und in jedem Hotel prüft sie, ob ich ein gutes Bett habe, und lässt mir Kräutertee kochen und so. Ohne Mutti wär ich nichts.

Sie hat auch früher meine Rollen mit mir gelernt, als ich noch beim Theater war. Wissen Sie, auch ich war einmal Prinz von Arkadien, sozusagen. Auch ich habe nicht immer Möbelcenter eingeweiht und Gokartrennen moderiert. Ich habe auf der Bühne gestanden. Ich war Hamlet, ich war Karl Moor, ich war als Kind schon der Knabe, von dessen Kopf Wilhelm Tell den Apfel schoss. Ich habe früh angefangen. Ich war Richard der Dritte, da staunen Sie, was? In Wuppertal. Zweitbesetzung, aber immerhin. Ich hatte ihn drauf.

Weil denn die Erde keine Lust mir beut
als herrschen, meistern, andre unterjochen,
die besser von Gestalt sind wie ich selbst,
so sei's mein Himmel, von der Krone träumen
und diese Welt für Hölle nur zu achten …

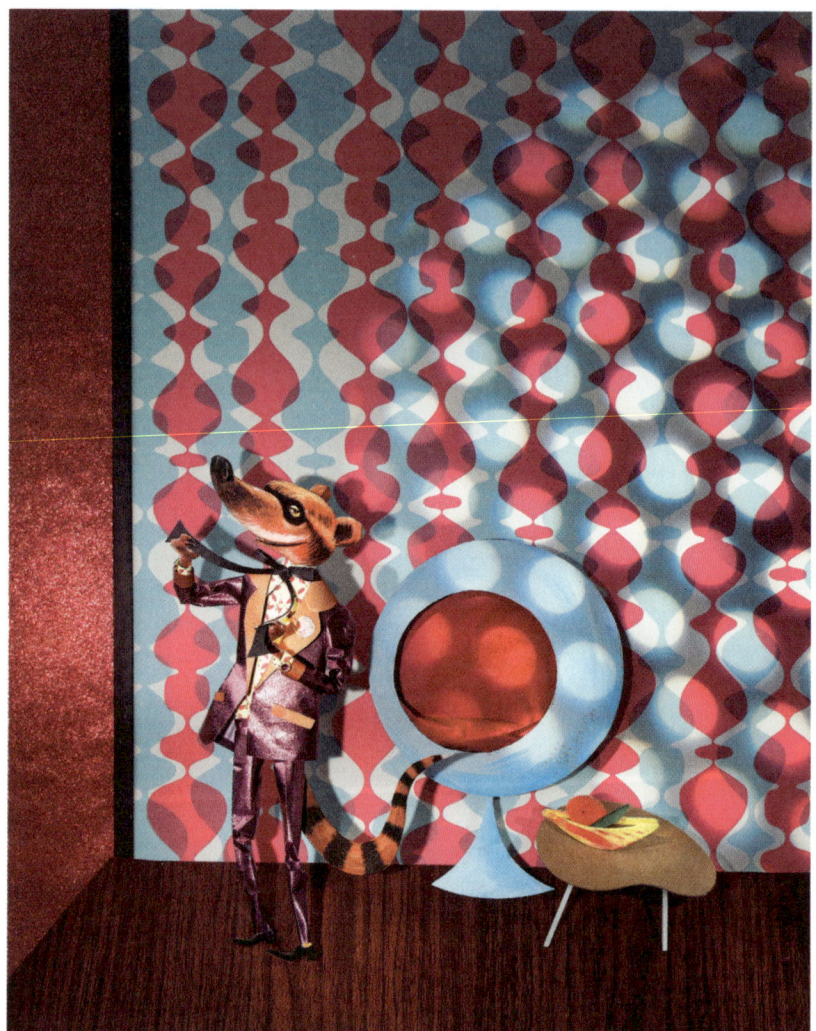

Hab ich alles drauf. Aber Mutti meinte, solche Texte müsse ich nicht sagen, meine Gestalt wär doch schön, mir stünde der Himmel doch offen, und zwar mehr Himmel als am Stadttheater Wuppertal … na ja. Ich war dann freier Schauspieler, das ging ganz gut, wissen Sie, aber dann hab ich geheiratet. Wie so etwas ist, das passiert eben. Hätte nicht passieren dürfen, weiß ich heute auch. Meine Frau und Mutti kamen nicht miteinander aus, ich hätte sie nie heiraten dürfen, sie war Blumenmädchen im *Parsifal*, ich bitte Sie. Das hätte ich wissen, das hätte ich sehen müssen. Blumenmädchen im *Parsifal*! *»Wir spielen nicht um Gold! Wir spielen um Minnesold! An deinen Busen nimm mich, holder Knabe!«* Und ich hab sie genommen. Fataler Fehler! Minnesold! Pah. Bei der Scheidung hat sie alles gewollt, alles genommen und alles gekriegt, und nun tingel ich eben rum. Nicht, dass Sie jetzt denken, ich nehme solche Aufträge nicht ernst. Ich nehme das sehr ernst. Ich werde mein Bestes geben, wie immer. Zum Beispiel die Nummer *»I am a trainer, a circus entertainer«* – da singe ich, tanze, lasse das Stöckchen wirbeln, die Damen sind hin und weg, Sie werden gleich sehen.

Ich hätte der Sinatra von Wanne-Eickel werden können. Mutti hat sich das sehr gewünscht, sie hat mir auch
diesen Anzug genäht. Sinatra hat so was getragen, sagt
sie. Aber mir liegt eher das schwere Fach. Na ja. Nun
mach ich beides.

Ja, natürlich sag ich auch was über Ihre Möbel. Über
Preisnachlässe und das alles. Wie viel kriegt man noch
mal für das alte Sofa, wenn man ein neues kauft?

Dreihundert.

Dreihundert? So viel wie ich? Da hätte ich Ihnen ja
auch mein altes Sofa bringen und ein neues kaufen können, statt hier aufzutreten … kleiner Scherz.

Ja. Ich bin so weit. Ist Mutti da?

Gut. Es kann losgehen.

*Mimimimimimi. Mi. Mi. Mimi …: Spitzfindig ist die Liebe,
sie minnt nicht immer blindlings! Mimimimi!*

Das ist gut für die Stimme. Iiiiii ist immer gut, macht frei.

Ich bin so weit …

Hier bist du an geweihtem Ort,
da zieht man nicht mit Waffen her!

Parsifal. Ich war oft genug drin.

Nein, keine Sorge, mach ich heute nicht. Heute mach ich Witze. Schottenwitze. Witze über Geld. Was ist, wenn ein Schotte mit einer Kerze vor einem Spiegel steht? Zweiter Advent! Kaufen Sie Spiegel bei Möbel Krügel! Ich weiß. Also dann.

Dann und wann ein Surfer

Diese Woche war *Glanz & Gloria* zu Gast bei Tina della Fressage, dem ehemaligen Topmodel von Karl Lagerfeld. Man hatte von Tina della Fressage lange nichts mehr gehört, nur, dass sie sich mit Lagerfeld überworfen haben soll, weil er sie zu »voluminös« fand. »Diese alte Kröte«, soll sie daraufhin gesagt haben, »lieber doch wohl zu voluminös als ein albernes, magersüchtiges Frettchen mit gepuderter Perücke.«

An dem Vorwurf, sie sei zu dick, muss allerdings doch etwas dran gewesen sein, denn die Firma Lacoste (Krokodil auf jedem Hemd) hatte das langjährige Model Tina della Fressage auch entlassen.

Wir besuchten della Fressage in ihrer luxuriösen Villa in Marabu, wo wir sie zwar etwas schwerer, aber doch elegant und stilsicher wie immer vorfanden. Das Interview führte *Glanz & Gloria*-Mitarbeiterin Isolde von Lahnstein.

G & G: Frau della Fressage, wie geht es Ihnen? Wir haben lange nichts mehr von Ihnen gehört.

TdF: Mir geht es wunderbar, wie Sie sehen. Die Modewelt und ihr verlogener Glitzerkram fehlen mir nicht.

G & G: Heißt das, Sie werden nie wieder modeln?

TdF: Sehen Sie sich die Modewelt doch an. Rappeldürre Mädchen auf meterhohen Schuhen stelzen mit unglücklichen Gesichtern über Laufstege und zeigen abartig hässliche Klamotten, die keine normale Frau tragen kann. Das ist doch alles aufgeblähter Schwindel, irgendwann platzt die Blase, warten Sie nur ab.

G & G: Hat Ihr Rückzug mit Ihren in der Presse oftmals angesprochenen Figurproblemen zu tun?

TdF: Nein, denn diese Probleme hatte ich zu dem Zeitpunkt noch gar nicht, und es waren oder sind auch keine Probleme. Sehen Sie, ich habe mich jahrelang gezügelt, nur Knäckebrot gegessen und Wasser getrunken, aber das ist nicht meine Natur. Meine Na-

tur neigt zu gehaltvollen Mahlzeiten, und als ich dreißig wurde, habe ich mir gesagt: Ich will jetzt artgerecht leben. Also bin ich hier nach Marabu an die Sümpfe gezogen und habe schon zum Frühstück ab und zu einen Surfer verspeist, manchmal auch nur einen Arm oder ein Bein, mittags dann gern einen Kanuten, abends eine Schwimmerin, was eben so vorbeikam. Und, ja, das geht auf die Hüften. (*Sie lacht*)

G & G: Haben Sie denn für die weitere Zukunft noch andere Pläne?

TdF: Ja, ich werde jetzt einige Zeit als Model für Übergrößen arbeiten, aber ich bin schon dabei, wieder abzunehmen. Sehen Sie hier, ich esse Tofukekse, und seit Wochen schon keinen Surfer mehr.

G & G: Und wenn Karl Lagerfeld hier vorbeikäme, würden Sie …?

TdF: (*lacht*) Ah, das wär ja ohnehin nur ein Happs, und wahrscheinlich noch zäh. Und zu parfümiert. Nein, ich würde nicht. Ich werde es allen zeigen, dass ich wieder gertenschlank werde, und dann werde ich auch wieder als Model für Sporthemden der Firma Lacoste dienen können. Obwohl ich den Schlankheitswahn im Grunde ablehne. Ich finde mich so, wie ich jetzt bin, durchaus schön. Und vor allem bin ich glücklich.

G & G: Danke für das Gespräch, Tina della Fressage. Möchten Sie unseren Leserinnen von *Glanz & Gloria* noch etwas sagen?

TdF: Wenn Ihnen danach ist, einen Surfer oder Kanuten zu vernaschen, dann tun Sie es. Das Leben ist so kurz! Man darf sich nicht alles verkneifen, und wer will denn aussehen wie Karl Lagerfeld? Ansonsten – möchten Sie auch ein Tofukekschen?

Ein Traum vom Fliegen

Gestatten, Rhino V. von Zeros, fünfunddreißig Jahre alt, Ingenieur für Flugmaschinen. Hier sehen Sie mich in meinem Atelier in Zürich. Ich bin sehr vergnügt, ich stehe kurz vor der Vollendung eines alten Planes der Familie von Zeros, der Erfüllung eines Traumes, der zum ersten Mal vor etwa hundert Jahren im afrikanischen Busch geträumt wurde. Dort lebte mein Urgroßvater Rhino II. von Zeros mit seiner Familie. Als er einmal durch die Steppe rannte, sah er etwas Silbernes am Himmel, einen seltsamen Vogel, der zwar fliegen konnte, aber sehr wackelte und sich in einiger Entfernung niederließ. Aufrecht gehende Lebewesen kamen aus dem Vogel, die machten meinem Urgroßvater Angst, er war ja noch sehr jung. »Das sind Menschen«, sagte sein Vater, Rhino I., mein Ururgroßvater, »die haben Maschinen, mit denen können sie fliegen – fast wie die Vögel.« Je älter Rhino II. wurde und je öfter er diese Menschen in ihren Flugmaschinen sah, desto neidischer wurde er. Er versammelte alle seine Verwandten um sich und rief: Eines Tages werden wir Nashörner fliegen, wie diese Menschen und wie die Vögel. Da lachten sie ihn aus. Tante Rhina, die 2756 Kilo wog, lachte so sehr, dass sie auf der Stelle an Herzversagen starb. Rhino II. konnte seine Vision nicht vollenden. Sein Sohn Rhino III., also mein Großvater, war sehr strebsam, verlor den Traum seines Vaters nie aus den Augen, brachte es aber nur zum Fotomodell in einem Wildpark. Als er einmal glaubte, fliegen zu können – möglicherweise war er betrunken –, ging er auf einen Hügel und sprang in die Tiefe. Er brach sich dabei das Horn ab, und seine Karriere als Fotomodell war beendet. Auch mein Vater, Rhino IV., träumte vom Fliegen. Nach einer abenteuerlichen Reise im Bauch eines Flugzeuges (immerhin!) lebte er in einem Zoo in der Schweiz, wo ich aufgewachsen bin. Vom Gehege aus sahen wir die Flugzeuge des nahen Flughafens starten und landen, und er sagte zu mir: »Ich schaffe es nicht, ich habe keine Lösung, du aber bist klug und ideenreich. Du wirst diesen Zoo verlassen, wirst studieren und eine Maschine erfinden, mit der Nashörner fliegen können.«

So kam es. Ich studierte an der Technischen Hochschule für Flugzeugbau in Genf, bekam einen Lehrstuhl in Zürich und habe mit meinen Studenten eine Flugmaschine gebaut, mit der jedes Nashorn fliegen kann, egal, wie schwer es ist. Am 17. Mai 2015 werde ich von Basel nach Zürich fliegen. Ich werde ein paar Runden über dem Zoo drehen und in Zürich-Kloten landen. So wird das Zeitalter kommen, in dem alle Nashörner Zäune und Grenzen überwinden werden. Meine Arbeit wird dann getan sein, und ich werde mich einem Traum zuwenden, der mich seit meiner Kindheit nicht mehr ruhen lässt: Nashörner gehen auf zwei Beinen, aufrecht, wie der Mensch. Wenn das geschieht – wir wissen es aus der Evolution –, rutscht der Kehlkopf herunter. Und wenn der herunterrutscht, stellt sich Sprache ein. Das heißt, wir Nashörner werden sprechen können.

Und bitte glauben Sie mir: Wir hätten einiges zu sagen.

Lolita

So. Gleich wird er klingeln, dieser grässliche Mensch. Ob er immer noch die alte Karre fährt, *Melmoth der Wanderer*? Damit waren wir damals monatelang unterwegs, von einem Motel zum anderen. Was für ein Leben!

Ich hätte nie wieder zu dem Kerl Kontakt aufgenommen, wenn ich nicht Geld brauchen würde. Viel Geld. Er wird es schon rausrücken. Seiner kleinen Lolita konnte er doch noch nie was abschlagen.

Ich hab extra dieses Kleidchen angezogen, so was macht ihn ja an. Und da sieht er auch nicht, dass ich schwanger bin.

Es klingelt.

Das ist Humbert Humbert.

Da muss ich jetzt durch.

Mutter ist an allem schuld

Nein, Herr Borstel, ich rate Ihnen da ganz dringend ab.

Wenn wir jetzt die Behandlung abbrechen, nicht wahr, nach fünfundzwanzig Jahren, dann war doch alles umsonst. Das sind rund 1 300 Stunden, einmal die Woche, nicht wahr, und noch in der vorletzten Stunde haben Sie wieder von Ihrer Mutter gesprochen.

Doch, Herr Borstel, das haben Sie. »Mutter ist an allem schuld«, haben Sie gesagt und geweint, bitte erinnern Sie sich. Ich habe es doch auch hier notiert, nicht wahr. Und daran sehe ich, dass wir noch viel Arbeit vor uns haben, es ist gerade erst mal der Anfang gemacht, nicht wahr.

Gut, Sie können meinen Mondrian nicht mehr sehen. Das kann man ja ändern. Ich halte das zwar für eine vorübergehende Laune, nicht wahr, aber ich kann den Mondrian abhängen.

Sie sagen, Sie können auch meine Frisur nicht mehr sehen. Nun, Herr Borstel, die sehen Sie ja schließlich

nur beim Kommen und beim Gehen, nicht wahr, denn sonst liegen Sie ja vor mir auf der Liege und sehen mich nicht. Gut, das sind etwa 2 600 Blicke auf meine Frisur, aber vielleicht sind Ihre Nerven überreizt. Nicht wahr.

Wenn wir jetzt die Therapie abbrechen, prophezeie ich Ihnen, dass Sie in ein tiefes, tiefes Loch fallen. Sie sind noch nicht über Ihre Frau Mutter hinweg, glauben Sie mir. Sie verfolgt Sie aus dem Grab. Ich habe das doch alles protokolliert.

Sehen Sie, ich hab nur Ihre Mutter erwähnt, und schon weinen Sie wieder. Das ist noch nicht verarbeitet, nicht wahr. Beruhigen Sie sich, Herr Borstel. Ich bin ja bei Ihnen.

Also, wie immer, nächsten Mittwoch, fünfzehn Uhr.

Häschenträume II

Herzen zerbrechen,
Sessel gehn entzwei.
Hasen können sprechen,
es ist nichts dabei.
Tote hängen an den Wänden,
Blut an Pfoten und an Händen.
Manche Häschen hoppeln nackt durchs Leben,
manche sieht man als Tapeten kleben.
Und ich sitz und dirigiere
eins zwei drei im Takt, und viere,
Häschenpolka, hopp und hopp,
lauft, ihr Hasen, im Galopp.
Häschen kleben auf Tapeten,
ich hör himmlische Trompeten,
Mahler, Bruckner, Mozart, Bach,
alles eins, macht alles Krach.
Wer ist Christian Thielemann?
Kann ich auch, was der so kann.

Mein Orchester sieht man nicht,
mein Orchester braucht kein Licht,
spielt unhörbar, ohne Noten,
richtet sich nach meinen Pfoten.
Sängerkrieg der Heidehasen!
Wie die Klarinetten rasen!
Wagner, Verdi, Smetana,
alles Quatsch, trari, trara.
Heute gibts das Hasenlied,
gut nur, dass mich keiner sieht.
Ein Maestro ging verloren
an mir mit den Hasenohren.
Die Welt, sie hätte mir gewunken!
Vielleicht bin ich auch nur betrunken …?

Sei still, Hansi

Frau Sulzer, wie nett, kommen Sie doch rein auf ein Tässchen Kaffee, obwohl der Arzt immer sagt, ich soll das lassen mit dem Kaffee, aber welche Freude hat man denn im Leben, wenn man nicht mal mehr ein Tässchen Kaffee, Sie weinen ja? Was ist denn passiert? Erst mal ein Tässchen Kaffee, sag ich immer, dann sieht die Welt schon ganz anders aus, sei still, Hansi.

Haben Sie das gelesen mit Tom Kruse, nun ist er doch von Käthi geschieden, na, da kann er zahlen, aber die Kinder leiden ja immer am meisten, und diese Sekte, also, das würde mir auch nicht gefallen, wenn mein Kind da so, also das Kind trägt ja schon Stöckelschuhe, in dem Alter, fünf Jahre und Stöckelschuhe, das kann doch nicht gesund sein für so ein Kind und wie sieht das denn aus, aber so sind sie da in Hollywood, immer Extrawürstchen, eben lese ich, dass eine Sängerin, den Namen hab ich jetzt vergessen, aber Madonna war das nicht, dass die immer exakt dreiundvierzig Handtücher in ihrer Garderobe haben muss, wenn die auftritt, dreiundvierzig Handtücher, wofür das denn? Das ist doch alles verrückt, ich hab nicht mal dreiundvierzig Handtücher, ich hab jetzt meine Handtücher nicht gezählt, es waren mal vierundzwanzig, zweimal ein Dutzend, bei meiner Aussteuer damals, als ich meinen seligen Fritz – Hansi, sei still.

Dann geht schon mal was kaputt, man kauft was nach, aber dreiundvierzig, ich bitte Sie, die kaputten nehme ich noch zum Putzen, man kann alles noch brauchen, heute wird viel zu viel weggeworfen, niemand repariert einem mehr was, wenn das Radio nicht mehr geht, ein neues, wo führt das noch hin, es ist auch alles nicht mehr die Qualität von früher, früher haben die Nylonstrümpfe, wir haben ja immer Seidenstrümpfe gesagt, viel länger gehalten als heute, und wenn mal nicht, konnte man für wenig Geld die Laufmaschen wieder aufnehmen lassen, aber das ist alles verschwunden, es gibt auch keine richtigen Schuhmacher mehr, immer nur so Schnellservice, aber Kinder, die Stöckelschuhe tragen, also das verstehe, wer

will, warum weinen Sie denn so, Frau Sulzer? Jetzt kommen Sie doch erst mal rein, und dann trinken wir ein schönes Tässchen Kaffee. Tot? Wie, wer ist tot?

SEI DOCH ENDLICH MAL STILL, HANSI!

Euro. Klitschkos. Kleinholz.

Ich heiße Rodrigo Mendez.

Ich komme aus Santander.

Ich kann zwei Dinge auf den Tod nicht leiden: den Euro und die Klitschkos.

Da sehe ich ROT.

Der Euro, wie lächerlich ist das denn, seitdem geht alles schief, ich will meine Peseten wiederhaben.

Und die Klitschkos, die würde ich gerne mal in kleine Stücke hacken.

Schickt mir die Klitschkos nach Santander, und ich mach sie fertig. Erst den einen, dann den andern.

Doktor Faust?

Die kennen Rodrigo Mendez nicht.

Doktor Horn.

Dann wollen wir die Faust mal das Horn spüren lassen und gucken, was passiert.

Angeber.

Alle beide.

Vitali ist Weichei, Wladimir ist Großmaul.

Die mache ich schon mit Blicken fertig.

Ich schmeiße drei Vitamol rein, und dann sind die aber so was von dran.

Obwohl.

Den Euro hasse ich noch mehr.

Aber ich weiß nicht, wie ich den wegkriegen soll, ich weiß es einfach nicht.

Deshalb lieber erst mal die Klitschkos. Beide auf einmal.

Trau ich mir zu.

Ich trainiere schon.

Und Mallorca, das holen wir uns auch zurück.

Aber erst den Euro, immer drauf. Schickt mir den Euro in die Arena, und ich mache Kleinholz draus.

Ich will meine Peseten wiederhaben.

Mama! Ist das Essen fertig? Ich hab Hunger.

Deutsche Blumen
in Unterglasur

Mein Name ist Othmar Brillmayr ohne e. Meine Vorfahren stammen aus Afrika, ich bin in der ehemaligen DDR aufgewachsen, in Leipzig. Nach meiner Schulzeit habe ich auf Wunsch meines Vaters eine Ausbildung zum Industriekaufmann abgeschlossen und dafür zunächst eine Lehre in einem Porzellanladen gemacht, ehe ich dann durch Vermittlung eines Onkels bei der Porzellanmanufaktur Meißen anfangen konnte. Das war nach anhaltenden geschäftlichen Schwierigkeiten der Firma 2010 der Fall, denn da wurden im Oktober im Rahmen der strikten Sanierungsmaßnahmen etwa zwanzig Kubikmeter Lagerbestände an Meißener Porzellan im Wert von 2,6 Millionen Euro vernichtet, um so zur Kostenoptimierung und Wertsicherung der Marke beizutragen. Für die Aufgabe der Vernichtung dieser Lagerbestände stellte man mich ein.

Ich erledigte meine Aufgabe mit viel Freude und so

gut, dass ich danach zum Vertriebsleiter der Tellerabteilung befördert wurde. Meiner Aufsicht unterstehen die Suppenteller der Sorten Rosen in Marcolini-Manier, Deutsche Blumen in Unterglasur, voller grüner Weinkranz mit und ohne Goldkante sowie das Schwanendessin.

Mein Arbeitsalltag ist sehr anstrengend, und ich muss bei allem, was ich tue, größte Vorsicht walten lassen. Die Vernichtung der Lagerbestände entsprach meinem Talent eher als die Verantwortung für hohe Stapel Suppenteller, aber ich habe es mit eiserner Disziplin geschafft, die Abteilung auf Vordermann zu bringen.

Wenn ich abends nach Hause komme, bin ich sehr erschöpft. Dann mache ich es mir gemütlich, ziehe meinen Anzug aus, setze ein lustiges Hütchen auf und trinke dänisches Dosenbier. Glas und Porzellan kommen mir nicht in die Wohnung.

Kleine Nachbemerkung

Was sind denn das für Bilder?

Sind die gemalt? Nein, die sind doch nicht gemalt?

Da hat einer geklebt, geschnibbelt, gebastelt, die gute alte Collage, da ist sie, mit Witz und Liebe und unendlicher Feinarbeit. Daniel Müller hat sich kleine Kunstwerke erdacht von Tieren, die Menschen, oder von Menschen, die Tieren ähneln. Und Lorenz Cugini hat sie fotografiert. Und als ich das Ganze sah, purzelten mir sofort Geschichten dazu durch den Kopf. Es kann so sein, gewesen sein, oder auch ganz anders. Alles kann, wir wissen es, immer auch ganz anders gewesen sein! Aber nun ist ein Buch mit Homestories herausgekommen, literarische Bastellaune auch bei mir, und selten ging eine Arbeit so leicht und vergnügt von der Hand.

Kennen Sie das, im Lokal Leute zu beobachten und sich ihre Lebens- und Liebesgeschichten auszudenken?

Hier habe ich Lebens- und Liebesgeschichten von einem Zebra im Seidenkleid, einer Giraffe auf der Couch oder einem Nilpferd im Flamingokleid erdenken dürfen. Aber, wie gesagt: Das ist nur *meine* Fantasie. Es könnte auch alles ganz anders gewesen sein …

Elke Heidenreich

Elke Heidenreich war langjährige freie Mitarbeiterin bei Hörfunk und Fernsehen, Moderatorin verschiedener Talkshows, verfasste zahlreiche Fernsehspiele und -serien. Inzwischen ist sie gefragte Literaturkritikerin und erfolgreiche Buchautorin.

Daniel Müller wurde 1964 in Baden geboren. Er studierte an der Kunstgewerbeschule Luzern und an der Schule für Gestaltung Zürich. Seine Arbeiten sind in diversen Zeitschriften und Büchern zu finden. www.illumueller.ch

Geistesblitze im Geschenkformat

»Heike Faller nimmt uns mit
auf die Reise des Lebens,
Seite um Seite, Jahr für Jahr.«

3SAT KULTURZEIT

»Gute Freunde braucht jeder –
egal in welchem Alter. Dieses
Buch zeigt wunderbar, warum.«

FAS

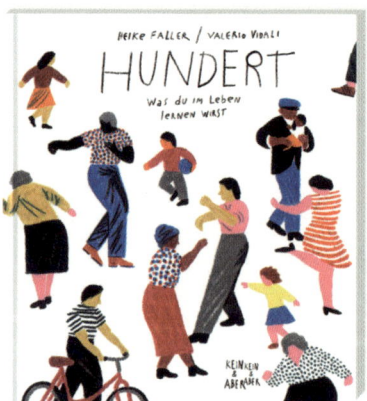

ISBN 978-3-0369-5895-8
€ (D) 16.00, € (A) 16.50, SFr. 20.00

9 783036 958958

ISBN 978-3-0369-5896-5
€ (D) 16.00, € (A) 16.50, SFr. 20.00

9 783036 958965

»Ein Buch voller Dinge,
ohne die es auch geht.«

URSUS WEHRLI

ISBN 978-3-0369-5007-5
€ (D) 16.00, € (A) 16.50, SFr. 20.00

9 783036 950075